Gamelan

Indonesian Music

Here are the **gongs.**

3

Here are the **chimes.**

5

Here are the **drums.**

Here are the **cymbals.**

Here are the **xylophones.**

Here are the musicians.

Here is the show!

15

chimes

cymbals

drums

gongs

xylophones